Thomas von Kempen

Herzensweisheit

De imitatione Christi

Herzensweisheit
Thomas von Kempen

Herzensweisheit

Gestaltung
Veruschka Götz
veruschka götz typographers berlin

Gesetzt aus der
Berkeley, Neue Hammer Unziale und Clairvaux

Titelfoto:
svbilderdienst/Günter R. Müller

Herstellung
I. G. Marmol, S.L., Barcelona
Printed in Spain

ISBN 3-89769-539-1

www.lardonmediaag.de

MILCH & HONIG

Thomas von Kempen

Herzensweisheit

Herzensweisheit

De imitatione Christi in der Sprache unserer Zeit

Ausgewählt und neu übertragen von Thomas Lardon

Gestaltet von Veruschka Götz

Vorwort

Nein, dies ist keine Neuübersetzung des berühmten, in alle Weltsprachen übersetzten und millionenfach gedruckten Werkes »De imitatione Christi«. Zu gut und wortgewaltig sind die bereits vorliegenden Übersetzungen, und zu groß ist mein Respekt vor der Geschichte des Werkes.

Es ist ein neugieriger Blick auf die Kernaussagen, ein vorsichtiges Freilegen des Wesens dieses Schatzes mittelalterlicher Mystik. Was hier zu Tage tritt (besonders in den ersten beiden der vier Bücher des Originals) sind zeitlose Lebensweisheiten, gerade richtig für das 21. Jahrhundert, gerade wichtig in einer Zeit des Umbruchs.

Die Sprache war schon damals kräftig und unmißverständlich, und ich habe versucht, dies mit unserem heutigen Wortschatz beizubehalten. Was fehlt, ist die dem Original eigene Melodie zart mystischer Frömmigkeit, die sich dem modernen Leser nur schwer erschließt.

Möge dieses Werk von vielen wieder entdeckt werden, und möge seine Weisheit zur Stärkung des »inneren Lebens« dienen.

Thomas Lardon
im Sommer 2004

Wie das Werk entstand, wer es schrieb und was es bewirkte ...

Obwohl um die Verfasserschaft des Werkes »De imitatione Christi« zeitweilig ein heftiger Gelehrtenstreit entbrannt war (mehr als 35 mögliche Verfasser wurden vorgeschlagen und verteidigt), ist heute relativ unbestritten, dass die Endfassung des Werkes von Thomas von Kempen (auch Thomas á Kempis) stammt. Allerdings läßt sich die Urfassung wohl auf das Jahr 1377 zurückführen. Damals hatte Gerrit Grote, Sohn eines reichen Kaufherrn aus Deventer, der die Welt kennengelernt, studiert und sich dann von den »Händeln der Welt« zurückgezogen hatte, dem Kartäuser-Orden sein geistliches Tagebuch anvertraut: der Grundstock zur »Nachfolge Christi«.

Thomas Hermerken, Handwerkersohn aus Kempen am Niederrhein, kam 1392 als Schüler in Deventer mit den »Brüdern vom Gemeinsamen Leben« in Kontakt. Er lernte von ihnen Bücher abzuschreiben und Texte auszulegen. 1399 trat er dem Augustinerchorherrenstift Agnetenberg (Zwolle/NL) bei und empfing 1414 die Priesterweihe. Über 70 Jahre lebte Thomas in der Klostergemeinschaft und führte das typische Leben eines Klosterpriesters seiner Zeit – mit Predigen, Beichthören, Abschreiben von Büchern und dem Verfassen eigener Schriften. Er war klein von Gestalt und fiel eigentlich nur dadurch auf, daß er gern »in agnello cum libello«, für sich allein mit einem Buch, war.

Am 25.7.1471 verstarb er in seinem Kloster. Seinem Leitspruch »Liebe es, unbekannt zu sein« wurde er nur bedingt gerecht: Als Bearbeiter der endgültigen Fassung des »Buches von der Nachfolge Christi« ging er nicht nur in die Kirchen- und Literaturgeschichte ein, sondern gilt heute als der größte Sohn der Stadt Kempen. 1971 gab die Deutsche Bundespost sogar eine Sondermarke zu seinem 500. Todestag aus.

Die Wirkensgeschichte des Werkes ist kaum zu beschreiben. Es hatte nach dem Erstdruck im Jahre 1472 einen gewaltigen Einfluß auf viele Ausprägungen des katholischen wie auch des evangelischen Glaubens – und wirkte so ökumenischer, als es im Ursprung gemeint war (allerdings wurden auch nach Gutdünken Teile des Werkes weggelassen, um es »passend« zu machen). Am Ende des 19. Jahrhunderts lag es (in mehr als 3.000 Ausgaben!) in alle Kultursprachen der Welt übersetzt vor. Noch im frühen 20. Jahrhundert war es als Andachtsbuch praktisch in jedem mitteleuropäischen Haushalt vorhanden. Somit ist es neben der Bibel das am meisten übersetzte und gedruckte Werk der Weltliteratur.

... wenn es dunkel um dich wird.

Präge dir meine Worte gut ein und denke aufmerksam darüber nach.

Wenn dir deine Last zu schwer wird, wirst du sie brauchen können.

Was du jetzt beim Lesen noch nicht verstehst, wird dir klar, wenn es dunkel um dich wird.

1 Glaube nicht alles, was man dir erzählt.
Wir reden ja gern schlecht über andere
und vergessen oft das Gute.
Überlege ganz genau, ob es wahr sein kann –
und dann versuche, es mit Gottes Augen anzusehen.
Erzähle auch nicht gleich weiter, was du gehört hast.

2 Folge nicht jeder Eingebung, Hals über Kopf,
und setze nicht ohne Rücksicht deine Meinung durch.

Besser ist es, einen Menschen zu finden,
der ehrlich und weise ist.
Frage ihn um Rat und höre auf ihn.

3 Nimm Rat von denen an, die weiser sind als du. Das ist besser, als sich auf seine eigenen Launen zu verlassen.

4 Mit dem Vertrauen ist das so eine Sache.
Wem kann man wirklich vertrauen?
Den Unerfahrenen und Unwissenden sicher nicht.
Aber auch vor den reichen und wichtigen Menschen soll man sich lieber fernhalten. Wenn man sich geehrt fühlt, daß sie überhaupt mit einem reden, kann man ihren Rat leicht überbewerten.
Am besten suchst du dir einen Christenmenschen, der lebenserfahren und doch auf dem Boden geblieben ist. Mit ihm kannst du über alle Dinge des Herzens sprechen.

5 Und noch etwas: Manchmal hört man von einem Menschen viel Gutes und möchte unbedingt seinen Rat hören. Aber wenn er dann vor dir steht und mit dir redet, dann bist du enttäuscht.

6 Glaubst du, andere Leute sollten sich freuen,
dich zu ihren »guten Bekannten« zählen zu dürfen?
Bald werden sie irgendwelche Fehler an dir entdecken
und legen keinen Wert mehr auf deine Freundschaft.
Also, so hart es klingt: Versuche, allen unnötigen
Umgang mit Menschen zu vermeiden.
Er bringt sowieso nichts.

Vollkommenheit des Lebens

Bilder verschwinden, und Worte verhallen im Wind.
Unsere Neugier wird geweckt, und die Augen sehen viel,
was sie nicht verstehen.
Alle Vollkommenheit des Lebens ist doch unvollkommen,
und unser Forschen nach Licht bringt auch
die dunklen Seiten hervor.

Die Wahrheit

8 Wo also ist die Wahrheit zu finden?
Die Wahrheit muß sich dir selbst offenbaren.
Wenn das ewige Wort zu dir spricht, wirst du viele Meinungen los.
Schließlich kommt ja alles von diesem einem Wort her,
und alle Dinge sind in ihm begründet.

Nebensächlichkeiten

9 Wenn du eins mit dir selbst geworden bist,

dich also nicht andauernd ablenken lässt von allen
möglichen Nebensächlichkeiten,

kann die Wahrheit dich –
wie ein Lichtstrahl – erreichen.

10

vor anderen tun und ſagen

Wer mit sich und Gott im Reinen ist,
der plant zunächst in seinem Innern vor,

was er später vor anderen
tun und sagen will.

11

große Liebe

Viele Menschen wollen anerkannt und geachtet sein.

Sie tun alles dafür, um »groß« zu sein.
Aber wirklich groß ist nur der,
der große Liebe hat.

12 In allen Schriften mußt du nach der Wahrheit suchen,
nicht nach schönen Worten.

Der Autor kann noch so bekannt sein und sein Ansehen hoch – darauf kommt es überhaupt nicht an.

Die Liebe zur Wahrheit soll dich zum Lesen treiben.

Warum?

Die Menschen, die heute schreiben, sind morgen schon gestorben.

Aber die Wahrheit bleibt.

Alte Menſchen

13 Alte Menschen erzählen gern Geschichten.
Es sind oft Gleichnisse, Parallelen zu unserem heutigen Leben.
Höre auf sie, und frage nach.
Sie werden dir viel bedeuten.

14

Mosaik des Herzens

Jeder Mensch hat eine innere Ordnung, ein Mosaik des Herzens.
Kommt diese Ordnung durcheinander, wird der Mensch uneins
mit sich selbst.
Der Eingebildetete zum Beispiel oder der Geizige finden nie zur Ruhe.
Ständig sind sie auf der Suche nach neuen »Opfern« und Befriedigungen.
Es ist für sie harte Arbeit, sich von ihren Zielen loszumachen und sich
auf das zu konzentrieren, was wirklich wichtig ist. Wenn es denn so wäre,
daß die Erfüllung ihrer Wünsche ihnen Befriedigung bringen würde!
Aber nein, kaum ist das Ziel erreicht, hat man ein schlechtes Gewissen
und es treibt einen zur nächsten Befriedigung.

15

wahrer Frieden

Das Mosaik des Herzens fügt sich nur ineinander,
wenn man Widerstand leistet und seinen Wünschen
nicht nachgibt.
Dann stellt sich der wahre Frieden ein.

guten Willen

16 Tue, was du kannst –
und Gott wird deinen guten Willen belohnen.

alles Gute

17 Wenn du klug bist –
verlaß dich nicht auf deine Wissenschaft.
Wenn du reich bist –
vertraue nicht auf den Zauber des Geldes.
Wenn du mächtige Freunde hast –
rechne nicht mit ihrem Einfluß.

Gott hat dir alles Gute gegeben,
und ihm sollst du dafür danken.

Und wenn du schön bist, dann sei bloß nicht eingebildet.
Schon eine kleine Krankheit
kann dich ziemlich häßlich machen ...

18

Frieden haben

Denke nicht, daß du besser bist als andere.
Vielleicht sieht Gott das ganz anders.

Wenn du bescheiden bist, wirst du auch Frieden haben.
Aber wenn du stolz bist, wirst du die Leute immer wieder verärgern.

19 Es ist besser, sich einen Rat geben zu lassen, als anderen zu raten.

20

Warum reden wir eigentlich so viel?
Weil wir einer beim andern Trost suchen
und unserem Herzen, das von so vielen Gedanken
ermüdet ist, gern Luft machen möchten!
Was wir lieben und was wir uns wünschen,
was uns drückt und bedrängt, davon reden wir gern.
Leider bringt uns dieses Reden nicht sehr viel.
Denn der äußere Trost, den wir vielleicht finden,
verbaut uns den inneren, den nur Gott geben kann.

Also: Rede über nützliche Dinge, baue andere
Menschen auf, und halte deine Zunge im Zaum.

21

Wir könnten viel ruhiger leben, wenn wir uns nicht soviel Sorgen um die Probleme machen würden, die andere haben und die uns gar nicht berühren.
Wie kann jemand in Frieden leben, der sich ständig in fremde Geschäfte einmischt und sich selber Anlässe zur Unruhe sucht?
Er hat doch gar keine Zeit mehr, sich zu sammeln und in sich zu gehen!

22 Warum sind Menschen zu Heiligen geworden?

Weil sie sich weder an die Sorgen noch an die Annehmlichkeiten des täglichen Lebens gehängt haben, sondern ihr eigenes, inneres Leben geführt haben – ihr Leben für Gott.

23 Würden wir uns nicht immer mit uns selbst beschäftigen, dann hätten wir auch Platz für die Dinge des Himmels.
Das größte, oder besser, das einzige Hindernis sind wir selbst. Es muß nur ein kleines Problem an unsere Tür klopfen, schon ist all unser Mut dahin.

24 Wenn du jedes Jahr nur ein Laster aus deinem Leben verbannst, wirst du bald vollkommen sein.

25 Eigentlich sollte es mit uns doch immer besser werden: Wir sollten reifer, besser, heiliger werden. Der Eifer, das Gute zu tun und das Gute selbst sollten in uns zunehmen.

Aber das Gegenteil ist der Fall.

Jetzt wird es schon als Seltenheit angesehen, wenn wir noch einen Funken des ersten Eifers in uns erhalten konnten.

26 Es ist schwer, gegen seine Gewohnheiten zu handeln. Noch schwerer ist es, gegen seinen eigenen Willen anzugehen.

27 Leiste dem Bösen Widerstand,
gleich beim Entstehen,
und mache dich schon früh von allen
schlechten Gewohnheiten frei,
damit aus einer leichten Last später
keine schwere wird.

28 Wir haben täglich mit Tatsachen zu tun, die uns lästig oder sogar zuwider sind.

Das ist gut für uns.

Sie treiben den Menschen nämlich wieder in sein Herz hinein, und er fühlt, daß er hier nicht zu Hause ist und daß er sich nicht auf die Werte dieser Welt verlassen darf.

29

widersprechen

Es ist gut, wenn uns Menschen widersprechen und schlecht über uns reden, obwohl wir uns richtig verhalten haben und unsere Absichten rein sind. So bleiben wir demütig.

Böse Gedanken

30

Wenn ein Mensch leidet, verleumdet wird oder von bösen Gedanken umhergetrieben wird, dann wird ihm ganz klar – viel klarer als sonst –, daß nur Gott ihm helfen kann.

31

das Böse zu tun

Es ist kein Vollkommener so vollkommen und kein Heiliger so heilig, daß er nicht manchmal noch versucht wäre, das Böse zu tun.

Bescheiden

32

Die Versuchung (der Reiz, etwas zu tun, was den Geboten Gottes widerspricht) ist für den Menschen eigentlich hilfreich: Nur so wird er bescheiden, innerlich gestärkt und bereit, guten Rat anzunehmen.

33

NEUGIERIG

Der Mensch ist von Natur aus neugierig, er möchte Vieles wissen. Aber was nützt es ihm, wenn er viel weiß und dabei den Schöpfer vergißt?

34

Besser ein bescheidener Bauer, der seinen Gott liebt, als ein stolzer Philosoph, der den Weg des Lebens nicht kennt und dafür den Lauf der Stern mißt.

STOLZER PHILOSOPH

35

LOB

Wer sich selbst kennt,
der bleibt bescheiden und wird nicht viel Freude daran haben,
daß ihn die Menschen loben.

36

SCHÖNREDEN

Sei nicht zu wißbegierig.
Denn bei dem, was dir erzählt wird,
ist viel dazuerfunden und schöngeredet.

37

TORHEIT

Die Menschen, die viel wissen, möchten gern beachtet werden.
Sie haben es gern, wenn die anderen sagen:

Die sind aber klug!
Aber was nützt ihnen ihre Weisheit?

Viele Dinge zwischen Himmel und Erde haben doch nichts mit Wissen zu tun, sondern eher mit Torheit!

HUNGER DER SEELE

Viele Worte machen – das stillt den Hunger der Seele nicht!

39

VERGESSEN

Wenn es dir in den Kopf steigen will,
daß du so viele Dinge weißt und alle Hintergründe kennst,
dann vergiß nicht, daß es viel mehr Dinge gibt,
von denen du nichts weißt und nichts verstehst.

DIE GRÖSSTE WISSENSCHAFT

Sich selbst kennenlernen
und sich selbst im Zaum halten –

das ist die größte Wissenschaft.

41

GEBRECHLICHKEIT

Gebrechlich sind wir alle, aber gebrechlicher als du selbst sei in deinen Augen keiner.

HÖREN UND LESEN

Wie oft ekelt es mich, so viel zu lesen und zu hören!

Alles, was mein Herz sich wünscht, finde ich bei Gott.

ALLTAG

Ein Mensch, der rein, bescheiden und beständig in seinem Innersten geworden ist, wird sich auch durch die Geschäfte des Alltags nicht aus der Ruhe bringen lassen.

44

GUTES LEBEN

Ein reines Gewissen und ein gutes Leben sind mehr wert als Wissen und Erkenntnis.

45 Wenn eines Tages abgerechnet wird, wird man uns nicht fragen, was wir gelesen, sondern was wir getan haben; nicht wie schön wir gesprochen, sondern wie treu wir gelebt haben.

46 Es ist nur der wirklich groß, der große Liebe hat.

47 Es ist nur der wirklich weise,
der das Vergängliche mißachtet und das Ewige achtet.

48 Wir glauben lieber das Böse als das Gute.
So schwach sind wir.

49 Allen Menschen soll man Werke der Liebe erweisen.
Aber mit jedermann vertraut sein zu wollen,
das bringt nichts.

Werke der Liebe

50 Es ist viel schwieriger,
sich unter eine Obrigkeit zu stellen,
als sein eigener Herr zu sein.

51 Weglaufen bringt nichts.
Auch Umziehen nicht,
wenn du damit einer Lebenssituation aus dem Weg gehen willst.
Besser ist es, die Situation zu ändern.

Weglaufen

Zweifel

52 Es gibt Menschen, die gleich am Anfang, nachdem sie sich zu Christus bekannt haben, schwer bedrängt und von Zweifeln geplagt werden.

Andere müssen ihr Leben lang hart kämpfen und wieder andere erleben diese Bedrängung erst am Ende ihres Lebens.

Wahrscheinlich richtet es die Vorsehung so ein, dass jeder genau das tragen muß, was er auch tragen kann.

53 Die Versuchung stellt deinen Glauben auf die Probe.

Zunächst ist es ein Gedanke, der dich angreift.

Dann kommt eine mächtige Vorstellung dazu,
die du beinahe mit den Händen greifen kannst.

Danach kommt die Lust, diese Vorstellung umzusetzen,
und dann wird es zur Begierde, zur Leidenschaft,
die dich nicht mehr schlafen läßt,
bis du das Ziel erreicht hast.

Die Versuchung

54 Willst du also gegen die Versuchung angehen, dann tue es gleich zu Beginn.
Es ist wie bei einer Krankheit, bei der du die Medikamente zu spät einnimmst – der Kampf wird immer schwieriger.

55

Prüfsteine

Was nützen uns also die Versuchungen?

Sie sind die Prüfsteine, die den Fortschritt des Guten im Menschen markieren und die Feuerprobe, die das verborgene Licht der Seele ans Tageslicht bringt.

Tage des Unglücks

56 Wer in den Tagen des Unglücks geduldig ist und bleibt,
hat in seinem Leben viel erreicht.

57

Herz und Verstand

Wenn unser Herz gegen etwas ist,

dann ist unser Verstand es auch.

58 Viele Menschen suchen in allem, was sie tun, nur sich selbst –
aber sie merken es nicht.

Sie scheinen ausgeglichen und friedvoll zu sein,

aber plötzlich,
wenn sich ihnen etwas in den Weg stellt,

geraten sie innerlich durcheinander
und lassen den Kopf hängen.

So entsteht – auch bei den Frommen – viel Streit und Mißgunst.

59

Niemand hat es gern, daß man ihn weiter führt,
als das Auge reicht.

60

eigene Einsichten

Nur auf den Flügeln der Liebe Gottes können wir uns über den engen Horizont unserer eigenen Einsichten erheben.

61

gute Werke

Ja, wir sollen gute Werke tun.

Aber aus Liebe zu deinem Nächsten darfst du auch mal ein gutes Werk unterlassen. Denn wenn du deinem Nächsten zu Hilfe kommst, wird aus dem guten Werk ein noch besseres.

62 Ohne Liebe sind alle guten Werke umsonst.
Aber was aus Liebe geschieht, ist groß und bringt große Frucht.

63

handeln

Gott sieht mehr auf das, was dich zum Handeln veranlaßt, als auf das, was du wirklich tust.

Liebe

64 Wer viel Liebe hat, erreicht viel.

65 Der vollkommenen Liebe geht es nicht um sich selber.

Sie will Gott durch Menschen und in Dingen
sichtbar machen.

Sie beneidet niemanden, sondern fördert jeden.

66 Was man an sich oder anderen nicht ändern kann,
daß muß man mit Geduld tragen –

bis Gott es anders macht.

67

Hast du deinen Nachbarn ein- oder zweimal ermahnt und damit nichts erreicht, dann laß dich auf keinen Streit mit ihm ein. Gott kann auch aus etwas Schlechtem noch Gutes machen. Habe Geduld mit fremden Fehlern. Du hast schließlich auch viele Macken, mit denen andere zurechtkommen müssen.

68

Wir sehen es gern, wenn andere für ihre Fehler hart bestraft werden. Das ist ja nicht mehr als gerecht!

Aber wie ist es bei dir?

Du kannst es doch nicht ertragen, daß deine Freiheit auch nur im Geringsten eingeschränkt wird! Wie selten sehen wir den Nächsten mit denselben Augen an, mit denen wir uns anschauen.

keiner ist sich selbst genug

69 Ohne Fehler ist keiner,
ohne Last ist keiner,
keiner ist sich selbst genug;
keiner kann sich selbst beraten,
einer muß den anderen tragen,
trösten,
unterstützen und
ermahnen.

70

Gebrechlich

Der Mensch wird nicht durch Ereignisse schwach und gebrechlich.
Die Ereignisse zeigen nur, wie schwach und gebrechlich er schon ist.

71

Das Gute

Willst du das Gute fördern und bewußt leben,
dann mußt du dir vorstellen, du seist nur ein Besucher,
ein Wanderer auf diesem Planeten.

zweimal am tage

72

Du solltest zweimal am Tage innehalten:
am Morgen, um dich zu einem guten Vorsatz zu wecken;
und am Abend, um den Tag an dir vorbeiziehen zu lassen mit all seinen Gedanken, Worten und Taten.

73 all die herrlichkeiten richtig genießen

Wenn Gott den Zahltag für dich noch ein wenig hinausschiebt, solltest du denken:

> Ich war für das Fest noch nicht vorbereitet,
> mir fehlt noch dieses und jenes,
> damit ich all die Herrlichkeiten richtig genießen kann!

74

Suche dir eine Zeit aus, wo du ganz alleine zu Hause bist.
Und dann denke an das Gute, was Gott dir geschenkt hat.
Laß alles beiseite, was dich ablenken könnte.
Werde still, und in dir wird es still werden.

denke an das Gute

75 lange schwatzen

Seneka sagte: So oft ich unter Menschen gewesen bin, war ich beim Heimgehen weniger Mensch.

Das geht uns so, wenn wir lange schwatzen.

Schließ deine Tür hinter dir zu und lade Jesus,
wie deinen Geliebten, zu dir ein.
Bleib mit ihm in deinem Zimmer.
Nirgendwo draußen wirst du soviel Frieden finden.

77 Ein heiteres Ausgehen erzeugt oft ein trübes Heimgehen, und ein lustiger Abend einen traurigen Morgen.

lustiger abend

78

Denke öfter an den nahen Tod
als an die Länge deines Lebens.

Dann wirst du dich beeilen,
dein Leben zu verändern.

79

Es gibt keinen Menschen auf der Welt,
der sich nicht plagen muß.
Sogar die Könige und der Papst haben
ihre Lasten zu tragen.

Warum kommst du also gleich aus dem
Gleichgewicht, wenn die Dinge mal anders
laufen, als du sie dir vorgestellt hast?

Gleichgewicht

80 Wer Güter im Überfluß besitzt,
der kann nicht glücklich damit sein.

Wer die Hälfte von dem besitzt, was ihm gehört,
hat immer noch reichlich.

81 Essen, trinken, wachen, schlafen, ruhen und arbeiten ist alles nur Plage. Besonders für einen Menschen, der Gott nahe sein möchte und rein und unabhängig von allem Druck der Natur leben will.

Plage

82

Elend dieses Lebens

Gut ist es, wenn du das Elend dieses Lebens erkennst und schlecht ist es, wenn du dieses Elend auch noch liebst.
Wie viele Menschen hängen so sehr an diesem armseligen Leben, daß sie auf das Himmelreich verzichten würden, wenn sie nur ewig auf dieser Erde bleiben könnten!

83

Heute bereuen wir unseren Fehler, und
morgen machen wir denselben Fehler wieder.

Was soll nur am Ende unseres Lebens werden,
wenn wir schon am Morgen alles Feuer auf unserem
Herd ausgehen lassen?

Fehler

84 Heute noch lebt der Mensch, und morgen lebt er nicht mehr.

Ist er erst einmal aus den Augen, so ist er auch schnell aus dem Gedächtnis der Menschen verschwunden.

85 Alles, was du denkst und tust, soll so gedacht und getan sein, als müßtest du heute noch sterben.

Wenn du ein gutes Gewissen hast, brauchst du auch vor dem Tod nicht zu zittern.

Tod

86

dein Tag

Wenn du heute nicht bereit bist,
wie willst du es morgen sein?

Und wer gibt dir die Garantie,
daß morgen auch noch dein Tag ist?

87 Ein langes Leben macht den Menschen nicht immer besser.
Oft wird die Liste seiner Schulden nur noch länger.

die Liste seiner Schulden

Wenn der Morgen kommt, dann rechne damit,
daß du den Abend vielleicht nicht mehr erleben wirst.

Und am Abend solltest du nicht wagen, noch auf den Morgen zu hoffen. Lebe immer so, daß dich der Tod nicht unvorbereitet trifft.

in gesunden Tagen

89 In gesunden Tagen kannst du viel Gutes tun –
in kranken Tagen mag das anders sein.

in kranken Tagen

Kranksein macht nur wenige Menschen besser,
und Wallfahrten nur wenige zu Heiligen.

90

Freunde

Verlasse dich nicht auf Freunde und Verwandte, und bürde ihnen schon gar nicht die Sorge um deine Zukunft und dein Seelenheil auf.

Sie werden dich nämlich noch schneller vergessen, als du es jetzt glauben würdest.

Tue jetzt, was du dann tun würdest, und du wirst sicher ans Ziel kommen

91 Ich habe einen Freund, der so viel Angst in seinem Herzen hatte, daß er eines Tages in der Kirche vor dem Altar niederkniete und seufzte:

> »Wenn ich nur genau wüßte, daß ich dem Guten bis zum Ende treu bleiben werde!«

Da hörte er die göttliche Antwort in seinem Innersten:

> »Und, was würdest du dann tun?
> Tue jetzt, was du dann tun würdest, und du wirst sicher ans Ziel kommen.«

92 Denke immer an das Ende,

verlorene Zeit

und daß die verlorene Zeit nie wieder kommt.

paß auf dich auf, rüttle dich wach, sprich dir selbst Mut zu

93 Du wirst am Abend immer froh sein,
wenn du den Tag nützlich zugebracht hast.

Paß auf dich auf,
rüttle dich wach,
sprich dir selbst Mut zu –

und gehe den guten Weg weiter, auf dem du angefangen hast.

dich reich beschenken

94 Wenn du Christus in
deinem Innern

eine würdige Wohnung bereitet hast,
wird er bei dir einziehen und
dich reich beschenken.

95

Wer so weise ist, daß er in allen Dingen das erkennt, was sie sind und nicht das,
was sie zu sein scheinen oder wofür andere sie halten,
der hat seine Weisheit von Gott erhalten.

96 Jeder Mensch wird von den Ereignissen der Welt nur so sehr beeinflußt, wie er sie an sein Herz heranzieht.

Herz

Mensch

97

Lege keinen großen Wert darauf,
ob dieser Mensch für dich ist und
der andere gegen dich.

Wichtig ist, daß Gott auf deiner Seite steht.

98 Dem Demütigen hilft Gott auf die Füße.

Er liebt und tröstet ihn.

Er neigt sich zu ihm hinab, beschenkt ihn,
teilt mit ihm seine Geheimnisse und zieht ihn nach
den Tagen der Unterdrückung freundlich zu sich.

Schaffe zuerst Frieden und Ordnung in dir selbst,
dann kannst du auch Frieden und Ordnung bei anderen bewirken.

100

Wenn du willst, daß dich die anderen tragen sollen, dann trage du sie zuerst.

mit harten, unfreundlichen und regellosen Menschen

101

Mit guten, friedlichen Menschen im Frieden zu leben – das fällt uns nicht schwer.
Wir haben es gern, wenn andere unserer Meinung sind.

Aber mit harten, unfreundlichen und regellosen Menschen auszukommen,
das ist nicht nur dein Verdienst.

Es ist Gnade.

102

die Welt im Griff

Wer am meisten vom Leid versteht,
der wird den größten Frieden haben.

Er hat sich selbst unter Kontrolle,
die Welt im Griff,
Christus zum Freund und
den Himmel als Erbanspruch.

103

Einfalt und Lauterkeit

Zwei Flügel erheben den Menschen über das Irdische:
Einfalt und Lauterkeit.

Die Einfalt zeigt sich in der Absicht,
die Lauterkeit im Charakter.

Die Einfalt sucht Gott,
die Lauterkeit findet ihn.

klein und unbedeutend

104
Kein Teil der Schöpfung ist so klein und unbedeutend,
daß es nicht eine Spur der Güte Gottes an sich tragen würde.

105

reines Herz

Ein reines Herz dringt durch Himmel und Hölle.

Angst und Plage

106

Wenn es irgendwo eine reine Freude auf dieser Erde gibt,
so ist sie nur in einem reinen Herzen zu finden.

Und gibt es Angst und Plage,
findet man sie in einem bösen Gewissen.

Wie daſ Eiſen im Feuer

107

Wie das Eisen im Feuer seinen Rost verliert und ganz glühend wird, so verliert der Mensch, der sich auf Gott verläßt, das Erdgebundene seines Wesens und wird in einen neuen Menschen verwandelt.

108

zu Hause

Wo bist du zu Hause, wenn du in dir selber nicht zu Hause bist?

109 die ganze Welt

Wenn du die ganze Welt durchlaufen würdest und dich
dabei selber aus dem Blick verlörest, was würde es dir bringen?

110 schweigen

Wer in sich zu leben lernt, dem fällt es nicht schwer,
die Fehler anderer still zu ertragen.
Er lernt, zu allem, was ihn nichts angeht, zu schweigen.

111 nicht heiliger

Du bist nicht heiliger, wenn man dich lobt,
und nicht schlechter, wenn man dich tadelt.

112 gutes Gewissen

Ein gutes Gewissen kann viele Lasten tragen und trotzdem fröhlich sein.

113 Ein Mensch sieht dem anderen ins Gesicht.
Aber Gott sieht ins Herz.

Ein Mensch legt auf die Waage,
was der andere sagt und tut.
Aber Gott wägt die Absicht.

114 Was bedeutet es, Jesus zu lieben?

Du mußt den lieben und den als Freund behalten, der dich auch dann nicht verläßt, wenn dich alle verlassen.
Es kommt nämlich der Tag, an dem du dich von allen Geschöpfen trennen mußt, ob du es nun willst oder nicht.

115

mehr Schmerz alſ Troſt

Warum willst du Ruhe haben,
wenn du doch zur Arbeit geboren bist?

Richte dich darauf ein,
in deinem Leben mehr Schmerz als Trost und
mehr Kummer als Freude zu erfahren.

nicht alles

116 Es ist nicht alles, was wichtig ist, auch heilig,
nicht alles, was süß schmeckt, auch gut,
nicht alles, wonach sich der Mensch sehnt, auch rein, und
nicht alles, was dem Menschen gefällt, gefällt auch Gott.

117

daſ Oberſte

Stelle dich immer an die unterste Stelle;
dann wird dir die oberste zugewiesen werden.

Denn das Oberste hat ohne das Unterste keinen festen Boden.

118

Sei dankbar für das Kleine, das dich würdig macht,
das Große zu empfangen.
Freue dich über die unbedeutende Gabe so,
als wäre sie die wertvollste, und was andere verachten,
das habe besonders lieb.

119 Leid und Krankheit

Wenn du auf die Wunde dessen siehst
der dir das Geschenk macht, dann ist keine Gabe klein.
Was der Allerhöchste gibt, kann nicht unbedeutend sein.

Selbst wenn es einmal Leid und Krankheit sind –
aus Gottes Hand wird dir alles zum Segen.

demütig und vorsichtig

120 Wer die Gnade Gottes in seiner Nähe halten will,
der sei dankbar, wenn sie ihn besucht,
geduldig, wenn sie sich zurückzieht,
fleißig im Gebet, damit sie wiederkommt,
demütig und vorsichtig,
damit sie nicht wieder von ihm weicht.

121 Jesus hat viele Nachfolger, die im Himmel mit ihm herrschen wollen, aber wenige, die auf der Erde sein Kreuz tragen.

viele Nachfolger

Loslassen

122 Warum fürchtest du dich, das Kreuz auf deine Schultern zu nehmen, wenn doch der Weg vom Kreuz zum Himmel geht?

Es gibt keinen anderen Weg zum Leben als den des täglichen Sterbens – das Loslassen des Alten und Aufsichnehmen des Neuen.

123 Wenn du dein Kreuz trägst, wird dein Kreuz dich auch tragen. Wenn du es aber abschüttelst und von dir wirfst, wirst du dir womöglich ein anderes auf den Hals laden, das schwerer ist als das vorige.

124

haltloſ

Wo du auch gehst und stehst –
du wirst dich haltlos fühlen,
bis du in Gott verwurzelt bist.

125

um die Liebe

Es ist etwas Großes um die Liebe.
Sie ist ein kostbarer Schatz,
macht alles Schwere leicht und ebnet alles Ungleiche.

Sie spürt die Mühen nicht, und das Bittere
verwandelt sie in Wohlgeschmack.

126

Gott kann beschenken und trösten wen er will,
wann er will und wieviel er will –

so, wie es ihm paßt.

viel Geduld

127 Stelle dich in deinem Leben nicht auf viel Ruhe ein,

sondern auf viel Geduld.

die menſchliche Vernunft

128 Schwach und fehlerhaft ist die meschliche Vernunft
Stark und ohne Fehler ist dagegen der Glaube an Gott

Typographisches Nachwort

In allen Epochen der Kulturgeschichte waren Schriften und die Typographie nicht nur ein Transportmittel von Inhalten – die spezifische Form und Ausgestaltung der einzelnen Buchstaben gibt vielmehr auch Auskunft über technische Neuerungen, den Geist und die Ästhetik einer Epoche.
Die Zeit des Thomas von Kempen, Anfang des 15. Jahrhunderts, war vom Aufbruch in ein neues Zeitalter bestimmt. Das einheitlich geschlossene mittelalterliche Weltbild löste sich mit dem Niedergang des Stauferschen Reichs auf, regionale Nationalstaaten bildeten sich aus, und das Verlangen nach kirchlichen Reformen machte sich breit. In der typographischen Spiegelung gibt sich diese Zeit turbulent, wie es danach nie wieder sein sollte.

Eine kurze Schriftgeschichte:
Als die Karolinger Ende des 8. Jahrhunderts durch ihre Machtübernahme ein riesiges europäisches Reich entstehen ließen, führten sie grundlegende Reformen in Kirche, Politik und Kultur ein. Aus der Notwendigkeit heraus, diese Reformen durchsetzen zu können, wurde in den Schreibklöstern Karls des Großen (der im übrigen selbst nicht schreiben konnte) auf der Grundlage der im Römischen Reich gebräuchlichen und schnell schreibbaren »Römische Kursive« eine allgemein verständliche Schrift entwickelt: die »Karolinger Minuskel« [Minuskel: Kleinbuchstabe].

uiuſ baſilica

Karolinger Minuskel, 9. Jh.

Erstmals bildete diese neue Schrift fast alle heute gebräuchlichen Kleinbuchstaben aus. Die Lesbarkeit wurde durch Worttrennungen und ein bestechend schön und harmonisch wirkendes Erscheinungsbild deutlich verbessert. Das Bestreben der Gesellschaft nach Offenheit und die Absage an kirchliche Dogmen spiegelte sich in den runden und breit gehaltenen Buchstaben wider.
Mit dem Aufkommen der Gotik im 12. Jahrhundert veränderte sich das Schriftbild der »Karolinger Minuskel« allmählich. Die Formen der Buchstaben wurden aufstrebend und eng, der vertikalen Ausrichtung gotischer Kathedralen angepasst. Rundungen wurden mittels scharfkantiger Ecken gebrochen, woher letztendlich der Begriff »Gebrochene Schrift« oder auch synonym »Gotische Schrift« herrührt. Gotische Schriften wirken dunkel, feierlich, ernst und

ferent illus et abibūt

Gebrochene Schrift aus dem 15. Jh., hier von Gutenberg verwendet

ıon eſt:ut plerıq;
iudice.Nam exoı

Venezianische Renaissance-Antiqua von Nicolaus Jenson, um 1465

andächtig, womit sich allerdings die Italiener nie wirklich anfreunden konnten. Sie besannen sich auf ihre antiken Vorbilder zurück, wohl auch weil sie dem Allmachtsanspruch der Kirche entgegentreten wollten. So wurde in Venedig, Mitte des 15. Jahrhunderts, zunächst auf der Grundlage von zwei Schreibweisen – der Majuskelform [Majuskel: Großbuchstabe] der klaren Römischen »Capitalis Monumentalis« sowie der Minuskelform der »Karolinger Minuskel« – eine Mischform aus Klein- und Großbuchstaben ausgebildet. Unsere heute gebräuchliche »lateinische« Schrift basiert noch immer auf dieser frühen Venezianischen Renaissanceschrift. Bemerkenswert dabei ist, daß bis heute keine wesentlichen Neuerungen in der Art zu schreiben entstanden sind – allein der Stil hat sich dem jeweiligen Zeitgeist angepaßt.

Das Buch »Herzensweisheit« geht in der Gestaltung auf diese interessante und entscheidende Epoche der Schriftentwicklung im 15. Jahrhundert ein, einer Epoche der Übergänge, des Auslaufens und des Neuenstehens der verschiedenen Schreibweisen: Die Lesetexte sind in der nach dem Vorbild der Venezianischen Renaissance-Antiqua, der 1938 von Frederic W. Goudy entworfenen »**Berkeley**«, gesetzt. Die für unseren heutigen Blick befremdlich wirkenden Schriften »neue hammer unziale« und die »**Clairvaux**« kennzeichnen Auszeichnungen und Überschriften. Die »neue hammer unziale« wurde 1955 von Victor Hammer nach dem Vorbild mittelalterlicher Schriften gezeichnet. Die »**Clairvaux**« wurde 1990 von Herbert Maring nach dem Vorbild der Gebrochenen Schriften aus dem 13. Jahrhundert entworfen und benannt nach Bernard de Clairvaux, dem Begründer der Zisterzienser, einem Benediktinischen Reformorden.
Um den Geist des ausgehenden Mittelalters in das 21. Jahrhundert zu transferieren, wurden zusätzlich die im Mittelalter bedeutsamen Farben grün (die Farbe der Liebe), blau (die Farbe der Macht) und rot (Farbe des Schutzes vor bösen Einflüssen) verwendet.

Veruschka Götz

Thomas von Kempen

De imitatione Christi